Colega lee

Serie naranja

VIAJE AL PASADO

Usa este código para acceder al
BANCO DE RECURSOS
disponible en

É digital
LE

www.anayaeledigital.es

edelsa

Ana, Rubén, Elena, Chema, Julia y Colega forman el CACI: un comité secreto para descubrir misterios y ayudar a sus vecinos. Tienen un buzón en la panadería de Vicente para recibir las cartas de petición de ayuda.

1.ª edición: 2025

© Edelsa Grupo Didascalia, S.A. Madrid, 2025.

© Directora del proyecto y coordinadora: María Luisa Hortelano.
© Autora: Elena González Hortelano.
Equipo editorial:
Coordinación: Alicia Iglesia.
Edición: Alicia Iglesia y Marie Sodore.
Corrección: Alicia Iglesia.
Diseño de cubierta: Carolina García.
Ilustradora: Ángeles Peinador.

ISBN: 978-84-9081-934-0
Depósito Legal: M-14541-2025
Impreso en España / Printed in Spain

PAPEL DE FIBRA
CERTIFICADO

En el mes de mayo, siempre celebramos una semana cultural en el colegio. Normalmente, los alumnos de cada clase preparan trabajos y los exponen al resto del colegio. Pero este año los profesores nos dejaron trabajar con estudiantes de otras clases y Chema, Elena, Julia, mi hermano Rubén y yo nos apuntamos a las exposiciones sobre Literatura. Decidimos preparar un trabajo sobre *Don Quijote de la Mancha*, el libro más importante de la literatura española, escrito por Miguel de Cervantes.

El jueves de la semana anterior a la semana cultural, Elena, Chema, Rubén y yo estábamos en nuestra casa preparando el trabajo cuando llegó Julia.

—Hola, Julia. ¿Vienes de la panadería de Vicente?

—Sí. Había una carta para nuestro Comité en el buzón de Ayuda al Ciudadano. Bueno, no es exactamente una carta...

Julia sacó de su mochila un papel amarillo.

—Mirad —dijo—. ¡Es un plano! No sé de dónde, pero esto parece una iglesia porque tiene una cruz. Y aquí hay una señal dibujada a mano, parece que indica un lugar concreto del edificio.

4

Todos nos quedamos muy sorprendidos cuando vimos el plano. Primero, porque venía sin ninguna carta. Y segundo, porque el papel era muy extraño: más grueso de lo normal, como el papel reciclado. Decidimos llevarlo al colegio al día siguiente y enseñárselo a los profesores de Historia y de Arte, para ver si ellos podían decirnos qué edificio era aquel.

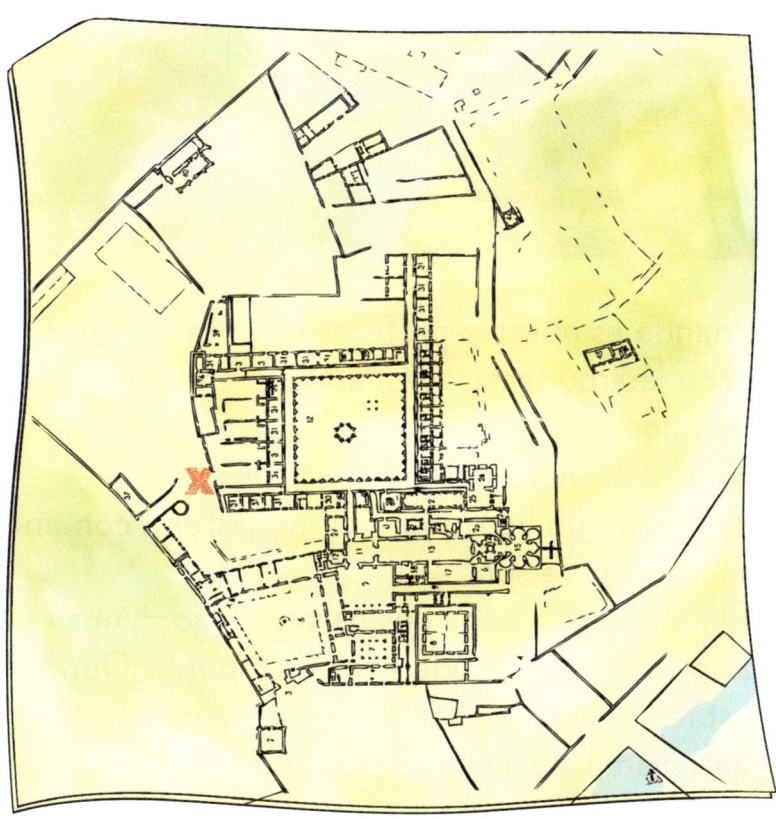

Fernando es nuestro profesor de Arte y le gusta mucho la arquitectura. Cuando le enseñamos el plano, nos dijo:

—Este es el Monasterio de El Paular.

Nos enseñó un libro sobre el monasterio con un plano muy parecido.

—El monasterio tiene dos partes —dijo—, una es la iglesia y otra, donde viven los monjes. ¿Dónde estaba este plano? El papel es como lo hacían antiguamente, pero no parece viejo.

Entonces sonó el timbre.

Intentamos marcharnos para no contestar a su pregunta, pero Fernando nos llamó.

—¡Esperad! Vosotros estáis preparando un trabajo sobre *Don Quijote* para la semana cultural, ¿verdad? Entonces os cuento otra cosa: cerca del Monasterio de El Paular hay un hostal juvenil. En ese lugar, antiguamente, había un molino de agua donde los monjes hacían papel. Con ese papel, Juan de la Cuesta imprimió la primera edición de *Don Quijote*, en enero de 1605. El papel que los monjes hacían ya no se fabrica y era muy parecido al de este plano.

Por la tarde, después de las clases, Fernando nos preguntó en el patio:

—¿Qué hacéis mañana por la mañana?

—Todavía no lo sabemos.

—Pues tengo una idea: si queréis y os dan permiso vuestros padres, os llevo a conocer el Monasterio de El Paular. Podéis hacer unas fotos para vuestro trabajo. El monasterio está en la sierra y, a menudo, paseo por allí con mi perra Olivia. Pensaba ir este sábado. Si queréis venir, paso a recogeros.

—¿Puede venir nuestro perro Colega? —pregunté.

—Claro que sí —dijo él—. Olivia se va a poner muy contenta.

Nuestros padres nos dieron permiso y Fernando vino a recogernos a las nueve de la mañana. Era sábado, 19 de mayo, y la sierra estaba preciosa. Había flores y plantas por todas partes y el agua del río Guadarrama bajaba muy limpia. Pasamos por donde antes estaba el antiguo molino e hicimos unas fotos.

Continuamos andando por el valle hasta llegar al monasterio. Colega y Olivia corrían juntos. Rubén sacó el plano.

—Vamos a ver —dijo—. Si allí estaba el antiguo molino y esta es la iglesia, la marca dibujada a mano señala un lugar en esa parte del monasterio.

—Tenéis suerte —dijo Fernando—, ahora los monjes solo viven en el otro lado. ¿Vamos a ver qué encontramos?

—¡Vamos!

Nos acercamos al lugar del monasterio que señalaba la marca.

—¡Es aquella puerta! —dijo Chema.

Chema, Julia, Elena, Rubén y yo corrimos hacia la puerta, que estaba medio abierta. Colega corrió detrás de nosotros. Fernando y Olivia se quedaron atrás.

11

Cuando entramos en el monasterio, descubrimos que Fernando estaba equivocado. Aquella parte del monasterio sí estaba habitada y nos llegaba un agradable olor a sopa. Un chico de nuestra edad, vestido de monje, nos miró con una gran sonrisa y dijo:

—¡Por fin llegáis!

—¿Llegar, adónde? —pregunté.

—La pregunta correcta no es *dónde*, sino *cuándo*. Llegáis al 12 de diciembre de 1604.

—¿Qué estás diciendo?

—Me llamo Miguel, soy estudiante. Vivo con los monjes y ellos me enseñan Literatura, Historia, Geografía... ¡Me encanta leer! Pero lo primero es cerrar esa puerta y cambiaros de ropa. ¡Vuestro viaje en el tiempo es para una misión de ayuda!

13

Todos nos volvimos hacia la puerta y miramos al exterior. El valle era ahora muy distinto: había monjes, animales domésticos y hasta un huerto. Elena corrió fuera:

—¡Fernando!, ¡Olivia! —llamó.

—Esta vez se quedan en el futuro —dijo Miguel —. Y ahora, vamos; nadie debe veros con esa ropa del futuro.

14

Seguimos a Miguel por los pasillos del monasterio hasta su habitación. Allí esperaba otro chico de nuestra edad vestido con ropa de la época.

—Mateo, estos son Ana, Rubén, Chema, Julia y Elena, del Comité de Ayuda Ciudadana. ¡Recibieron nuestro plano en el futuro!

—¿Cómo estáis? Me llamo Mateo, trabajo en la imprenta de Juan de la Cuesta. ¡Así que las palabras mágicas para convertir una puerta normal en una puerta del tiempo funcionaron otra vez! Las leí en un viejo libro de magia que me dejó Cristóbal, un amigo mío que es librero.

15

Miguel y Mateo sacaron de debajo de la cama un baúl con ropa. Nos quitamos nuestra «ropa del futuro» y nos pusimos la que nos dieron.

—Necesitamos vuestra ayuda —dijo Mateo—. Juan de la Cuesta está imprimiendo el nuevo libro de Miguel de Cervantes Saavedra. Es un escritor que me encanta. Creo que este libro se va a llamar...

—*¡El ingenioso hidalgo don Quijote de la Mancha!* —dijimos todos a la vez.

—¡Exactamente! Así que es un libro importante, que se va a recordar en el futuro. ¡Lo sabía! En ese caso, no podemos equivocarnos.

—¿Y cuál es el problema? —preguntó Rubén.

—Hace unos días escuché a Juan de la Cuesta hablar con el editor del rey. Le dijo que no tenía dinero para pagar el papel y terminar de imprimir el libro. El editor le dijo que no podía darle más dinero y que tenía que terminar el libro pronto.

—Yo puedo conseguir papel para imprimir un plano, pero no tanto como necesita Juan de la Cuesta —dijo Miguel.

Decidimos volver a Madrid. Allí estaban las personas que podían ayudarnos. Pero el viaje no fue tan fácil como en el siglo XXI. Viajamos en un carro con caballos a treinta kilómetros por hora. Hacía frío y nevaba. Nos calentamos con pieles de animales. Después de cinco horas de viaje, por fin llegamos a Madrid y paramos a descansar en una posada.

Nos sentamos en una mesa y nos sirvieron ensalada, sopa, carne asada y tarta. Cenamos de maravilla.

—¡Hola, Mateo! —dijo un hombre que estaba comiendo en otra mesa.

—¡Hola, don Lope! —dijo Mateo—. Es Lope de Vega —nos explicó—, otro escritor.

—¡Lope de Vega!

Elena sacó su cámara de fotos, le quitó el *flash* y le hizo una fotografía.

—¿Qué es eso? —dijeron Miguel y Mateo.

—Es una cámara de fotos. Sirve para captar imágenes, mirad.

Elena les hizo una foto y se la enseñó.

Mateo y Miguel estaban impresionados con la cámara. Elena empezó a enseñarles las fotos «del futuro» que tenía en la cámara.

—¿Esto qué es? —preguntaron Miguel y Mateo.

—Esta soy yo con patines —respondió Elena.

—¡Son botas con ruedas, qué invento! —dijeron ellos—. ¿Y esto?

—Esto es un coche. Y esto es una cometa.

—¡Nosotros también tenemos cometas, pero no de estos colores tan bonitos!

—Por cierto —dijo Julia—, nosotros no tenemos dinero de esta época para pagar la cena, ¿y vosotros?

—Nosotros tampoco —dijo Miguel—. Pero no os preocupéis. Siempre pagamos la cuenta... a nuestra manera.

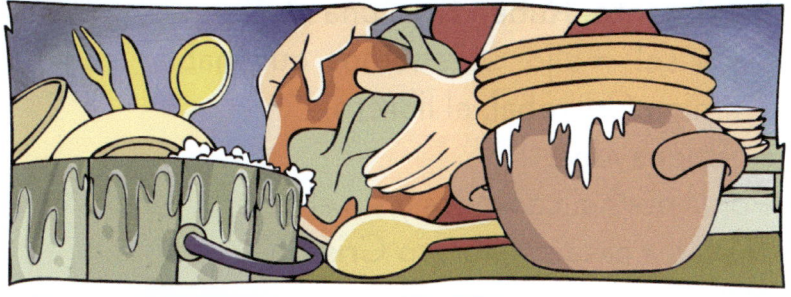

Cuando los clientes se marcharon, Miguel barrió el suelo y todos ayudamos a quitar las mesas. Mateo y Chema fregaron los platos y pronto todo estuvo perfecto. Un poco después, todos dormíamos profundamente.

Al día siguiente, comenzamos a buscar. Hablamos con condes y marquesas, y no conseguimos nada.

—Es mucho dinero —decían unos.

—No sabemos si el libro va a tener éxito ni si Juan de la Cuesta va a poder devolvernos el dinero —decían otros.

Finalmente, Rubén tuvo una idea:

—¡Ya sé! —dijo—. Tenemos que hablar con tu amigo Cristóbal, el librero.

—¡Buena idea!

Por la noche, cansados y sin el dinero, fuimos con Mateo a casa del librero Cristóbal.

Durante la cena, Rubén le dijo:

—¿Por qué no le prestas tú el dinero a Juan de la Cuesta? Los dos trabajáis en el mismo negocio, los libros.

—Es verdad —dijo Julia—. Además, nosotros venimos del futuro y podemos asegurarte que *Don Quijote* va a ser un clásico de la literatura universal.

—Está bien —dijo Cristóbal—. Si todos decís que el libro va a ser un éxito, no tengo nada que perder.

Todos nos reímos, excepto Elena.

—¿Qué te pasa? —le preguntó Miguel.

—Estoy preocupada por nuestro profesor y nuestros padres. Hace dos días que desaparecimos y deben de estar muy preocupados.

—Tranquila —dijo Mateo—. Cuando dije las palabras mágicas para vuestro viaje en el tiempo, lo hice igual que cuando viajé a vuestra época para dejar el plano en el buzón. Vais a regresar al mismo instante en el que cruzasteis la puerta, nadie va a notar que viajasteis en el tiempo. Además, Fernando, vuestro profesor, sabe que estáis aquí. Él prometió ayudarme a contactar con vosotros.

—¡¿Qué?!

24

—Es verdad —dijo Cristóbal—. Fernando nos visita algunas veces. Viene a consultar el libro de magia que permite viajar en el tiempo. Él tiene el libro en el futuro, pero con el paso de los siglos le faltan algunas páginas y otras están viejas y no se leen bien. Mateo le habló del problema de Juan de la Cuesta y Fernando le habló a Mateo de vosotros y le animó a usar las palabras mágicas del libro para encontraros y pediros ayuda.

Al día siguiente, Cristóbal nos llevó en su coche de caballos al notario. Allí estaban Juan de la Cuesta y otros testigos. Cristóbal le prestó el dinero a Juan. Elena hizo algunas fotos. Luego, nos despedimos de Mateo y de Cristóbal, y regresamos al monasterio. Después de despedirnos de Miguel, volvimos a atravesar la puerta mágica y regresamos al futuro.

Cuando volvíamos en el coche, Fernando nos preguntó:

—¿Qué estáis pensando?, ¿por qué estáis tan serios?

—¿Por qué no nos hablaste del libro de magia ni de tus viajes al pasado? —dijo Elena.

—¿Qué libro de magia?, ¿qué viajes? —preguntó Fernando sonriendo—. Yo solo intento ayudaros con vuestro trabajo para la semana cultural.

Lope de Vega

Cristóbal

Juan de la Cuesta

Nuestra exposición sobre *Don Quijote* fue un éxito. Todo el mundo pensó que nos esforzamos mucho preparando las fotos, nadie creyó que eran realmente fotos de 1604. Pero... ¿qué importa si sacas un 10 sobre 10 y tus padres os invitan a ti y a tus amigos a un helado en una terraza?

Actividades de explotación:
VIAJE AL PASADO

1. Comprensión lectora.
Rodea la respuesta correcta.

a. ¿Por qué el papel del plano que recibe el CACI es amarillo y más grueso de lo normal?
1. Porque es de 1604.   2. Porque es papel reciclado.
b. ¿Quién pone el plano en el buzón del CACI?
1. Julia.   2. Mateo.
c. ¿Dónde leen el hechizo para convertir una puerta normal en una puerta en el tiempo?
1. En un libro de magia.   2. En un cuaderno de recetas.
d. ¿Quién tiene el libro de magia en el presente?
1. Cristóbal. Antes lo tenía Fernando.
2. Fernando. Antes lo tenía Cristóbal.

2. El pretérito imperfecto.
Miguel tiene ahora 20 años y escribe sobre su vida cuando tenía 11. Completa el texto.

MI VIDA, por Miguel Martínez.

Todos los días (yo/levantarse)...*me levantaba.* a las seis, media hora después que los monjes: ellos (levantarse) .... a las cinco y media. Yo (vestirse) ...., (lavarse) ...., (peinarse) .... y (desayunar) .... Luego (tener) .... clase hasta las 11. Yo (ser) .... buen estudiante, siempre (aprobar) .... los exámenes y los monjes se sentían orgullosos de mí. Después, normalmente (yo/ayudar) .... en las tareas del monasterio. A veces (yo/barrer) .... el suelo, o (ayudar) .... en la cocina. Algunos días, Mateo (venir) .... a comprar papel al molino y se quedaba a dormir en el monasterio. (Nosotros/hablar) .... de muchas cosas y nos divertíamos mucho. ¡(Yo/ser) .... muy feliz!

3. Adverbios de frecuencia.
Lee el texto del ejercicio anterior y escribe frases sobre Miguel con los siguientes adverbios de frecuencia.

a. Siempre: *Miguel siempre* ....

b. Con frecuencia: ....

c. A veces: ....

d. Nunca: ....

4. ¿Siempre, nunca, a veces...?
Completa con adverbios de frecuencia y escribe frases sobre Ana, sobre ti y tu amigo/a.

	Ana	**Yo**	**Mi amigo/a**
a. Sacar buenas notas.	siempre		
b. Leer antes de dormir.	casi siempre		
c. Llevar ropa cómoda.	siempre		
d. Lavar los platos.	casi nunca		
e. Visitar monasterios o museos	A veces		

a. *Ana siempre saca buenas notas.*

Yo .... *y mi amigo/a* ....

b. ....

....

c. ....

....

d. ....

....

e. ....

....

30

5. ¿Qué están haciendo?
Completa las frases con la forma correcta de *estar* + gerundio. Busca en el cuento el dibujo en el que los personajes están haciendo estas cosas y escribe en qué página está.

a. Los niños, Miguel y Mateo (viajar)…*están viajando*…. a Madrid en un carro. Pág.*18*.

b. Ana y sus amigos (cambiarse) …*se están*………………… de ropa. Pág.____

c. Fernando y los niños (volver) …………………………………… a casa. Pág.____

d. Marcos y Miguel (ver) …………………………… fotos del futuro. Pág.____

e. Juan de la Cuesta (hablar) …………………………………… con el editor del rey y Mateo (escuchar) …………………………………… la conversación. Pág.____

f. Elena le (hacer) …………………………………… una foto a Lope de Vega. Pág.____

6. Antes y ahora.
Escribe frases con *antes* y *ahora* utilizando las expresiones que te damos.

a. Papel grueso: *Antes el papel era muy grueso, como reciclado. Ahora es más fino.*

b. Viajar en carro con caballos: *Antes* …………………………………………… *Ahora* ……………………………………………………………………

c. Calentarse con pieles de animales: …………………………………………… ……………………………………………………………………………………

d. Cámara de fotos: …………………………………………………………… ……………………………………………………………………………………

e. Patines: …………………………………………………………………………… ……………………………………………………………………………………

7. ¡Ahora tú!

¿Cuál es tu época favorita de la historia? ¿Por qué te gusta?
¿Qué hacía la gente en esa época? ¿Qué diferencias hay con
nuestra época? Escribe un breve texto e ilústralo.

....
....
....
....
....
....